AF582080

INVENTAIRE
R 42,115

LIVRETS D'ENCOURAGEMENT

AU TRAVAIL

ET A LA VERTU.

AYEZ PITIÉ DU PAUVRE.

LILLE.
L. LEFORT, IMPRIMEUR-LIBRAIRE.
PARIS.
AD. LECLERE et Cie, imp. lib. rue Cassette, 29. | ISIDORE PERRON, libraire, rue Pavée, 13.

BIBLIOTHEQUE ROYALE

AYEZ PITIÉ DU PAUVRE.

1846

1115

Les mères, en le voyant passer, le montraient à leurs enfants.

AYEZ PITIÉ DU PAUVRE.

XPOSÉ à tous les périls d'une grande opulence, le jeune Philippe savait fort bien que ses parents jouissaient d'une fortune considérable, et il ne parlait jamais que des vastes terrains que son père possédait sur les côtes de la Méditerranée. Il était fier, hautain, irascible ; pour être son ami, le compagnon de ses jeux, il fallait, avant toutes choses, se soumettre aveuglément à ses caprices, à son autorité. Aussi les enfants bien élevés le fuyaient, ceux qui s'attachaient à lui n'avaient qu'un seul but, celui de se rassasier des friandises qu'il accordait à leur docilité, dans ses moments de belle humeur.

Il était d'ailleurs d'une paresse extrême ; et comme il était fils unique, on se gardait bien d'employer les châtiments pour le contraindre à travailler. Ses maîtres osaient à peine le menacer ; ceux qui s'obstinèrent à vouloir en faire un bon élève furent priés d'aller porter leur zèle ailleurs.

« Oh ! disait Mme Préville aux personnes qu'elle appelait autour de son fils, ayez bien soin de lui. Ne le contrariez jamais ; cela pourrait nuire à sa santé, qui nous est si précieuse ! »

Les domestiques recevaient les mêmes avis ; ils ne les suivaient pas toujours, la patience leur échappait ; ils menaçaient leur petit tyran, et c'en était assez pour qu'on les renvoyât.

Agir ainsi, c'était favoriser, de la manière la plus coupable, les vices naissants de Philippe, qui devenait de jour en jour plus intraitable.

Voyant que tout cédait à sa volonté, il augmenta ses prétentions ; son jeune orgueil prit les plus larges développements ; il voulut être le maître absolu dans la maison ; enfin les choses en vinrent à un tel point, que M^{r} et Mme Préville crurent devoir lui rappeler, dans une occasion solennelle, qu'il n'était propre pour le moment qu'à obéir, qu'à étudier les leçons de ses maîtres ; on le menaça ensuite de le punir sévèrement, s'il continuait de s'abandonner aux excès de son vilain caractère.

Ce langage ferme l'humilia, mais ne le corrigea point. Il feignit une maladie, pendant laquelle s'évanouirent les résolutions de ses faibles parents.

Sorti de son lit, où la ruse l'avait retenu durant deux jours, il se montra plus audacieux qu'auparavant, et reprit avec une nouvelle ardeur le cours de ses méchancetés.

Il prenait souvent plaisir à insulter à la misère des pauvres. Lui demandait-on l'aumône, il tirait avec empressement de sa poche plusieurs pièces de monnaie, et les faisant sauter dans sa main et luire au soleil, il disait au mendiant, l'ironie sur les lèvres :

« C'est bien joli, n'est-ce pas ? A quoi

emploieriez-vous cet argent, si je vous le donnais ?

LE MENDIANT.

J'achetterais du pain pour mes enfants et pour moi.

PHILIPPE.

Où placeriez-vous cet écu ?

LE MENDIANT.

Je le porterais sans tarder à un propriétaire rigide, qui menace de me chasser de sa cabane. Cet à-compte le calmerait.

PHILIPPE.

Tenez... l'admirable pièce de cinq francs ! on dit que c'est bien utile en ce monde ; qu'en feriez-vous ?

LE MENDIANT.

Vos questions m'épouvantent. Pourquoi me montrer tant d'argent? Hélas! il est bien cruel de faire briller aux yeux de l'indigent un trésor qu'on ne lui destine pas.

PHILIPPE.

Ne craignez rien, je suis assez riche pour donner toute ma bourse au premier venu. Vous ignorez donc que je suis le fils de M. Préville, et que *nous* possédons les plus vastes terrains de cette contrée?

LE MENDIANT.

Je ne l'ignore pas.

PHILIPPE.

Eh bien alors, ayez donc confiance en moi et répondez à la question que je vous ai faite.

LE MENDIANT.

Possesseur de votre pièce de cinq francs, j'achetterais une robe à ma petite fille Marguerite, qui ne peut sortir faute de vêtement. Le surplus servirait à effacer une dette légère que j'ai contractée envers mon voisin, un jour que toute ma famille se mourait de faim.

PHILIPPE.

C'est vraiment étrange ; les pauvres se créent de plus grands besoins que les riches. La fortune de deux mylords ne pourrait vous satisfaire. Nous sommes opulents, mais nous ne voulons pas nourrir la fainéantise. Adieu, vieillard, portez-vous bien. »

Cette conduite infâme excitait l'indignation du malheureux. Il poursuivait le fils de Mr Préville de ces terribles paroles :

« Coupable enfant ! tu as fait venir l'espérance au cœur du pauvre, pour l'en dépouiller ensuite cruellement. Tu t'es joué de ma misère ; le ciel affamera ta vieillesse, et te jettera comme moi sur les grands chemins !.... Tu t'éloignes, tu fuis précipitamment ; qu'importe ? la main de Dieu saura t'atteindre. »

Si nous ne connaissions pas déjà Philippe, ce que nous allons lire suffirait pour nous instruire de toute la perversité de son jeune cœur.

Un jour qu'il se promenait avec deux de ses compagnons sur le bord de la mer, il aperçut une famille de pêcheurs, préparant sur le sable brûlant un modeste repas composé de poissons. Il s'approcha, et fit remarquer à ses amis qu'ils se trouvaient en présence d'une femme et de trois petites filles, que par conséquent ils pouvaient sans danger s'amuser à leurs dépens.

« Bonne femme, s'écria-t-il, nous sommes épuisés par la faim, voudriez-vous nous donner un seul petit poisson ? Nous nous en contenterions, et nous vous serions bien reconnaissants.

— Avancez, mes enfants ; dans ma friture, choisissez ce qui vous plaira le mieux. »

Philippe saisit avidement le plat, feignit de consulter le goût de ses compagnons, puis tout-à-coup lança les poissons dans la mer ; il posa ensuite le plat sur le sable et s'enfuit, en criant à la pauvre veuve, car c'était une veuve, et à ses enfants, qu'il venait de priver de leur repas :

« Quand on veut faire la généreuse, on offre autre chose que des poissons pourris...

— Petit misérable ! lui répondit celle qu'il avait indignement trompée, tu auras peut-être un jour besoin d'un poisson pour ne pas mourir ; tremble que le ciel et les hommes te le refusent !.... »

Un pêcheur âgé déjà , mais encore plein de vigueur , survint en ce moment ; il mit entre les mains de la pauvre mère de famille une pièce de trente sous , et s'en alla se placer ensuite à l'entrée d'un sentier étroit , par où les trois amis devaient passer. Lorsqu'il les vit peu éloignés de sa retraite , il en sortit tout-à-coup , leva sur leur tête son bâton noueux et les somma de s'arrêter.

Ils obéirent ; la voix terrible , le regard courroucé du vieillard les avait interdits. Par son ordre , ils s'assirent à terre l'un près de l'autre , et toujours tenus en respect par le bâton , ils écoutèrent dans un profond silence ces paroles de celui qui les avait arrêtés :

« Vous êtes de petits misérables. Vous n'avez pas treize ans, et déjà vous vous rendez coupables d'un crime. Quelle lâcheté d'avoir abusé d'un bienfait, d'avoir privé une famille indigente d'un pauvre repas qui, sans doute, était le seul qu'elle dût prendre aujourd'hui ! Mais surtout, Philippe, car je ne vous connais que trop, vous, enfant orgueilleux, insolent, paresseux et perfide, vous mériteriez plus que des reproches. Vous grandissez dans le vice, malheureux, et le vice vous perdra. Un jour toutes vos richesses vous seront enlevées ; vous serez honni, bafoué par ceux qui vous auront encensés, et sur nos côtes, un bâton à la main, vous mendierez, en pleurant, l'aumône de la femme du pêcheur ! Puisse-t-on ne pas se souvenir de votre jeunesse, et vous donner le pain qui empêche de mourir !

» La prospérité a gonflé votre cœur; écoutez en tremblant l'histoire du riche Domenil :

» Domenil habitait Marseille ; ses vaisseaux couvraient les mers, et il défiait les tempêtes de lui enlever sa fortune. Tout le monde enviait le sort de cet opulent marchand, qui chaque année remplissait ses coffres de l'or qu'on lui rapportait des quatre parties du monde. Que de joies il eût goûtées, que d'heureux il eût pu faire, si son cœur avait été sensible et généreux ! Mais son cœur était de bronze, et c'était dans son enfance qu'il avait commencé, comme vous, Philippe, à l'endurcir aux souffrances d'autrui. L'indigence lui faisait mal à voir, et quand le mendiant insistait, il l'accablait d'outrages.

» Il surveillait, il y a juste quinze années de cela, le départ du plus beau de ses navires, lorsqu'un vénérable vieillard s'approcha pour lui demander humblement l'aumône. Il le refusa brusquement ; le pauvre renouvela sa prière, et il le repoussa du bout de sa canne en s'écriant : Retire-toi, mendiant importun, je n'ai rien pour toi.

» Le vénérable vieillard se retira, mais en disant à l'inhumain négociant : Homme orgueilleux, tu rejettes la bénédiction du pauvre; regarde pour la dernière fois ton beau navire ; tu ne le reverras plus, car il est un Dieu juste.

» Domenil se contenta de rire de cette menace, et, son vaisseau étant parti au milieu des cris de joie des matelots, il revint sans remords dans sa splendide maison, qui semblait un palais au sein de Marseille la riche.

» Il sommeillait, un soir d'orage, sur une moelleuse ottomane de velours rouge, lorsqu'on le réveilla pour lui annoncer une affreuse nouvelle ; son beau navire n'était plus, l'océan l'avait englouti avec toutes les marchandises qu'il renfermait; les passagers et l'équipage avaient seuls été sauvés....

» Cependant ce n'était que le prélude de sa ruine, qui fut consommée en moins de trois années par les tempêtes, les faillites et les spéculations malheureuses.

» Il vivait encore il y a quatre ans, et chacun lui jetait l'aumône de la pitié sur son passage. Il était vieux déjà, et toute sa famille avait été dévorée par le chagrin.

» Une nuit, il s'attarda au milieu des plages désertes. Il était loin de la ville, il était loin des hameaux, et il n'avait rien mangé depuis le matin, car ce jour-là il n'avait rencontré que des cœurs insensibles.

» Défaillant, il s'assit à terre, laissa tomber sa tête entre ses mains, pleura, puis récommanda son âme à Dieu....

» Le lendemain, les pêcheurs le trouvèrent mort sur la plage aride; et, pour lui donner la sépulture, ils furent contraints d'arracher son cadavre aux oiseaux de proie, qui déjà se le disputaient.... Eh bien, Philippe, ajouta le vieillard, que dites-vous de cette histoire?

PHILIPPE.

Elle m'a beaucoup amusé. Je plains de tout mon cœur M. Domenil, mais je ne crains pas un sort pareil au sien. Nos richesses ne courent pas les mers, elles consistent en bien-fonds, comme dit mon père, et ne redoutent ni les flots ni les tempêtes.

LE VIEUX PÊCHEUR.

Mais les passions du cœur sont plus dangereuses que les orages des mers.

PHILIPPE.

Je ne vous comprends pas, et ne cherche pas à vous comprendre.

LE VIEUX PÊCHEUR.

Malheureux! vous êtes déjà perverti! Je n'ai plus de conseils à vous donner; vous êtes libre maintenant d'aller où bon vous semblera. J'ai déposé mon bâton à terre, ne craignez plus.

PHILIPPE.

Allons, profitons de notre liberté. Eh bien, vous ne me suivez pas, amis?

LES COMPAGNONS DE PHILIPPE.

Auparavant, nous avons une faute à réparer.

PHILIPPE.

Qu'est-ce que cela signifie ? Seriez-vous donc convertis par le conte de ce bon homme ? me laisseriez-vous partir seul ?

LE VIEUX PÊCHEUR.

Oui, vous partirez seul Ces deux enfants ont du cœur, et ils vont le prouver bientôt. Ils veulent, comme ils l'ont dit, réparer une faute dont vous êtes l'auteur, et à laquelle ils n'ont participé que par leur présence.

PHILIPPE.

Qu'ils aillent donc se jeter aux genoux de la vieille femme ; ils sont bien maîtres de leurs actions. Pour moi, je préfère retourner chez moi. »

Et le fils de M. Préville s'éloigna en chantant.

Le voyant parti, le vieux pêcheur félicita les deux anciens amis de ce méchant enfant de leur résolution :

« Les regrets ne nous humilient jamais, leur dit-il, et Dieu vous bénira d'avoir écouté les tendres sentiments de votre cœur. Levez-vous et suivez-moi, je vais vous conduire auprès de la veuve du pêcheur.

» — Hélas ! nous n'avons pas d'argent pour la dédommager de la perte qu'elle a faite....

» — Je lui ai déjà procuré les moyens d'acheter de nouveaux poissons pour le repas de sa famille. Soyez tranquilles, un repentir sincère lui suffira. »

En effet, la pauvre mère les reçut avec une touchante bonté ; ils s'étaient précipités à ses genoux, elle les releva et les bénit.

Ils retournèrent ensuite tout joyeux chez

leurs parents, après avoir promis au vieux pêcheur de fuir la compagnie de Philippe. Ils tinrent parole, les excellents enfants! de mauvais sujets qu'ils avaient été jusqu'à ce jour, ils devinrent dociles, rangés, studieux, et certes ils n'eurent jamais lieu de se repentir de leur sage conduite; ils en recueillent les fruits aujourd'hui; car on nous a dit qu'ils occupaient deux des emplois les plus honorables de leur province.

Quant au fils indomptable de M. Préville, il grandissait toujours et ne se corrigeait point. Ses vices au contraire augmentaient chaque jour. Lorsqu'il eut atteint l'âge de dix-sept ans, il fut envoyé à Paris pour suivre le cours de droit. Vous pensez bien qu'un tel jeune homme qui, pendant toute son adolescence, avait vécu au sein d'une paresse absolue, était entièrement incapable de se livrer à de sérieuses études. Il passa tout son temps aux spectacles, aux bals, dans les cafés ; il ne mit jamais le pied sur le seuil de l'école de droit ; les plaisirs les plus criminels avaient bien plus d'attrait pour lui que les codes.

Enfin son père le rappela pour le marier. Il se révolta contre les intentions de sa famille, il ne voulait point de frein, il fallut céder à sa volonté. Nous ne dirons point quels furent ses tristes écarts en province ; ils devinrent si scandaleux que sa mère en tomba malade de chagrin. La conduite de Philippe resta la même, et Mme Préville succomba.

Croirez-vous qu'il fut insensible à cette mort? Son père ne put alors contenir sa juste indignation, il lui dit :

« Malheureux fils ! tu nous punis cruellement de notre lâche indulgence. A celle qui t'a nourri, qui t'a tant aimé, tu n'as pas même accordé une larme, un regret ! Tu n'as point suspendu pour quelques jours seulement le cours de tes désordres. Ton deuil est fait, misérable ! les pauvres t'ont maudit, tremble que ton père ne te maudisse aussi.... Si jeune et déjà si perverti ! que feras-tu donc dans l'âge mûr ; à quels crimes emploieras-tu ta vieillesse !.... Mais la douleur m'égare, ô mon enfant, mon fils bien-aimé ! Tu peux revenir sur tes pas, rentrer dans le sentier de la vertu ; il en est temps encore.... Tu ne veux pas que le chagrin conduise aussi ton père au tombeau ! Ton amour pour moi n'est pas éteint dans ton cœur.... réponds-moi, mon fils, réponds, je t'en supplie.... Que tes paroles ne me soient pas un arrêt de mort.... »

Philippe, contraint de répondre, ne donna que de vagues espérances à son père, qui s'éloigna le désespoir dans le cœur. Le lendemain M. Préville se mit au lit, et deux mois après, il allait rejoindre son épouse dans la tombe.

Il mourut sans maudire son fils ; il redoutait pour lui les vengeances du ciel.

Philippe montra publiquement un chagrin qu'il ne portait pas dans le cœur. Se lassant bientôt d'un deuil qu'il ne pouvait déposer à la vue de ses compatriotes, et voulant satisfaire librement son goût effrené pour le luxe et les plaisirs, il s'éloigna de la demeure de sa famille, et rentra triomphant dans Paris.

Alors commença pour lui une vie toute de dissipation et de magnificence. Il eut hôtel, chevaux, voitures et une foule de domestiques. Il donna bals, soirées, dîners splendides, et ne songea qu'à dépenser sa fortune le plus magnifiquement possible. Les flatteurs affluaient chez lui, il les écoutait avec complaisance, il les fêtait, les nourrissait et leur ouvrait largement sa bourse.

Une nuit, au milieu de son existence désordonnée, la main sale et nerveuse d'un mendiant qu'il avait repoussé dans sa jeunesse, le saisit au cou, l'étreignit fortement.

Il voulut crier ; le mendiant le serrant plus fort, lui dit d'une voix sombre et farouche :

« Arrête, arrête, Philippe; ton dernier jour est arrivé. Du fond de leurs tombeaux, les pauvres que tu as torturés ont crié vengeance contre toi, et leurs voix ont été entendues.... Lève-toi donc, homme superbe, et suis-moi devant ton juge.... »

Le mendiant disparut. Philippe se réveilla épouvanté ; une sueur froide couvrait son visage, et tous ses membres étaient dans l'agitation. Il fut quelques minutes avant de se rassurer; mais lorsque le calme fut rentré dans son âme, il s'écria :

« Un rêve ! et j'ai pu m'effrayer pour si peu de chose....Un remords serait-il venu se placer à mon chevet ? Demain, s'il existe, il l'abandonnera ; car je me plongerai dans de nouveaux plaisirs, je m'environnerai d'un luxe extraordinaire.... »

Et l'insensé se rendormit. En se réveillant, il reçut une lettre qui lui apprenait que la récolte des oranges et des olives avait entièrement manqué sur ses terres ; on le pressait aussi de revenir, pour mettre un terme aux prétentions de quelques propriétaires voisins de ses domaines. Il partit à regret. Arrivé dans son pays, il commença par intenter follement des procès à tous les propriétaires par lesquels il se croyait lésé ; il les perdit.

Depuis longtemps il avait engagé une partie de ses biens pour soutenir le luxe qu'il affichait à Paris ; il en vendit une autre partie, pour subvenir aux nouvelles dépenses qu'il se proposait de faire dans l'intérêt de son amour-propre.

Sur ces entrefaites, arriva un affreux malheur, dont les conséquences furent terribles: le feu prit la nuit à sa magnifique demeure ; il menaçait de tout engloutir. Philippe, ne pouvant éteindre l'incendie avec ses domestiques, envoya partout dans la campagne prier les villageois de venir à son secours. Personne ne voulut se déranger ; à toutes les instances, chacun répondait :

« Si c'était M. Préville le père qui vous envoyât vers nous, certes nous nous empresserions de vous suivre ; mais que nous importe l'embarras du fils ? Qu'il sauve lui-même son habitation. Si nos chaumières brûlaient, il les regarderait d'un œil tranquille, et nous refuserait même de l'eau pour éteindre le feu. »

Ces paroles rapportées à Philippe l'irritèrent ; il jura de punir ceux qui l'abandonnaient dans un moment si critique. Cependant l'incendie prenait les plus terribles développements ; bientôt la maison disparut au milieu des flammes, et il fut impossible d'en approcher. On attendait avec impatience les pompes de la ville voisine ; quand elles arrivèrent, tout était consumé ; de la vaste demeure que le feu avait dévorée, il ne restait debout que trois murs épais.

Cette épouvantable catastrophe réduisit Philippe au désespoir ; il aurait voulu se venger sur tous ceux qui l'entouraient, mais ils étaient à l'abri de ses coups. L'indifférence générale le remplit de la plus vive douleur ; il comprit enfin qu'il n'était ni craint ni aimé. Alors il prit la résolution de vendre toutes ses terres. Quand il eut accompli ce funeste projet, il revint à Paris, où il se plongea de nouveau dans les plaisirs.

Cependant sa ruine approchait, et il continuait de mener le genre de vie qu'il avait adopté depuis plusieurs années. Il ne pouvait se résoudre à retrancher de sa dépense et de son luxe, il craignait les jugements du monde, et son orgueil se révoltait à la pensée qu'il faudrait renoncer à tout cet éclat, à toute cette grandeur, qui lui procuraient tant d'hommages et de flatteries.

Néanmoins, la cruelle nécessité l'obligea bientôt de s'arrêter ; il fut contraint de renvoyer ses domestiques, de vendre ses équipages, ses riches ameublements, et de céder son hôtel à de nombreux créanciers. Il refusa de payer les moins importuns , il craignait de se dépouiller de quelques mille francs qui lui restaient; mais ils se lassèrent d'attendre, ils le poursuivirent sans relâche et le firent même enfermer dans la prison pour dettes. Il s'ennuya bientôt dans cette triste demeure, et préférant la liberté au peu d'argent qui lui restait, il paya ses créanciers et sortit de prison entièrement dépouillé.

Il est inutile de dire tout ce que sa fierté eut à souffrir, à partir de ce moment. Il s'adressa aux amis qu'il avait faits aux jours de sa prospérité , il fut méconnu ; quand on le vit dans le besoin , toutes les bourses, toutes les portes se fermèrent. Les flatteurs qu'il avait admis à sa table , dans son intimité , qu'il avait comblés de bienfaits , ne daignèrent même plus le saluer dans les rues. On rougissait de lui , il était pauvre , il portait des vêtements qui ne pouvaient dissimuler son indigence. Que devenir ? que faire ? Il n'était pas habitué au travail, il était ignorant, et dès son enfance accoutumé à vivre dans la paresse et l'oisiveté. Ayant appris qu'il y avait chez un banquier une place vacante, il tenta de l'obtenir ; mais le banquier répondit au solliciteur qui lui avait été envoyé :

« Que voulez-vous que je fasse d'un homme comme M. Philippe ? Il sait conduire habilement un cheval, il danse admirablement, il fait les honneurs d'un dîner avec une grâce toute particulière ; mais il n'est pas comptable, il a une écriture illisible, et la vie de bureau ne lui conviendra jamais. J'en suis fâché, ce n'est point l'homme qu'il me faut. »

Ces paroles furent exactement rapportées à Philippe, qui en fut tout abattu. Il se voyait menacé par la faim, toutes ses ressources étaient épuisées. Le ciel eut pitié de lui, et au moment où il n'espérait plus rien, on lui procura un emploi honorable, qui lui rapporta douze cents francs par an. Il le conserva pendant près de deux années ; au bout de ce temps, il fit un héritage sur lequel il n'avait jamais compté. Ce bonheur inattendu lui rendit tout son orgueil, et réveilla toutes ses passions. Il s'abandonna sans réserve à de folles dépenses, oubliant qu'il était âgé déjà.

En moins de huit ans, il eut tout dévoré. Il retomba dans une misère affreuse, quitta Paris et revint dans son pays qu'il regrettait depuis longtemps. Un de ses anciens fermiers eut pitié de sa position ; il le reçut dans sa maison et le nourrit, mais ce fermier mourut, et son fils signifia au malheureux Philippe qu'il eût à s'éloigner de chez lui.

C'est alors que commença la vie errante et vagabonde de cet homme, autrefois si riche, si fier, aujourd'hui si humble, si misérable. Les mères, en le voyant passer, le montraient à leurs enfants et disaient :

« C'est Philippe que les pauvres ont maudit quand il était encore enfant. Il était riche, bien riche. Il possédait des terres sans fin et une habitation superbe. Elle a été dévorée par les flammes, les terres ont été vendues, et Philippe est tombé dans la misère. Voyez comme il est courbé par l'âge et par le chagrin. Ses joues sont maigres ; son corps toujours agité est soutenu par un bâton. Nous l'avons vu habillé magnifiquement ; aujourd'hui, pour parure, il n'a que de misérables haillons.... que son exemple vous soit salutaire, mes enfants. Quand le pauvre vous demande l'aumône, ne lui dites pas des injures, offrez-lui de bon cœur ce que vous avez. C'est que, voyez-vous, le ciel punit toujours ceux qui repoussent les pauvres. »

Philippe, lorsqu'il se vit ainsi réduit à la plus extrême détresse, repassa dans son esprit les premières années de sa vie : « Que j'ai été cruel dans ma jeunesse !.... Puis-je me plaindre ? C'est avec justice que je suis puni.... »

Et l'infortuné laissait couler des larmes amères le long de ses joues maigres.

Souvent il errait dans les champs sans trouver de pitié.

Une nuit, il se vit seul sur la plage ; il était égaré. Il s'assit à terre, car il était accablé de fatigue, laissa tomber sa tête entre ses mains, et pleura de nouveau.

Il demeura là toute la nuit. Il eut un affreux délire, pendant lequel lui apparurent

Domenil, le riche Marseillais, la pauvre veuve du pêcheur, et le vieillard qui l'avait arrêté dans le sentier. Il vit aussi des oiseaux de proie rôdant autour de lui et se disputant ses dépouilles. Lorsqu'il sortit de son délire, le jour était revenu. Il essaya de se lever, sa faiblesse l'en empêcha. Alors il se résigna et dit au Seigneur :

« Mon Dieu, assez longtemps votre bras vengeur s'est appesanti sur ma tête, ayez pitié de moi ! vous savez quels ont été mes remords ; vous savez aussi que j'ai supporté sans me plaindre les insultes et les humiliations ; voyez ma misère et jugez si je suis digne de pardon. Je ne puis plus soutenir le poids de la vie, envoyez-moi l'ange de la mort, mon Dieu, et recevez-moi dans votre sein. »

Le Seigneur entendit la prière du vieillard. Il envoya vers lui des pêcheurs charitables qui le conduisirent dans leur cabane, où il expira le lendemain, en donnant au prêtre, qui vint le visiter et lui administrer les secours que la religion offre aux plus grands pécheurs, toutes les marques d'un véritable repentir.

Sa mort fit sensation dans le pays. On en parla longtemps avec effroi, et aujourd'hui encore, lorsqu'un enfant est insensible aux maux des malheureux, on lui raconte l'histoire de Philippe.

BIBLIOTHEQUE ROYALE
I

FIN.

Lille, imp. de L. Lefort, 1846

Collection de Livrets d'encouragement au travail et à la vertu.

---

60 LIVRETS IN-18, DONT 30 AVEC VIGNETTE.

Prix : 5 fr. 40 c.

Cette collection est destinée à servir de Livrets de lecture et de récompense aux enfants qui fréquentent les écoles et les Catéchismes.

Une histoire courte, intéressante, mise à la portée de leur âge, les amuse, les attache, et laisse dans leur jeune cœur de bons germes, que l'avenir doit développer. Les petits Livrets que nous annonçons rendent, par leur bas prix, cet avantage fort facile à obtenir.

Chaque Livret se vend séparément à tel nombre qu'on désirera. Ceux qui ont vignette et couverture, 10 fr. le cent.
Les autres. . . . . 8 fr. —

On peut s'adresser à tous les Libraires où se trouve la Bibliothèque catholique de Lille.

www.ingramcontent.com/pod-product-compliance
Lightning Source LLC
LaVergne TN
LVHW050501160826
845677LV00003B/880

* 9 7 8 2 3 2 9 6 5 3 2 3 5 *